Lienhard Valentin

Achtsame Eltern, glückliche Kinder

Arbor Verlag
Freiamt im Schwarzwald

1. Auflage 2007

Lektorat: Eva Bachmann
Gestaltung: Anke Brodersen
Druck und Bindung: Wilhelm & Adam, Heusenstamm
Dieses Buch wurde auf 100% Altpapier gedruckt und ist alterungsbeständig.
Weitere Informationen über unser Umweltengagement finden Sie
unter www.arbor-verlag.de/umwelt.

ISBN 978-3-936855-28-9

Inhalt

Danksagung

Mein besonderer Dank gilt meiner Gestalt-Lehrerin, Katharina Martin, deren einfühlsame und geduldige Begleitung über mehr als zwanzig Jahre die hier vorgestellte Verbindung von Achtsamkeitspraxis mit dem Leben mit Kindern erst möglich gemacht hat.

Die von ihr entwickelte „Essentielle Gestaltarbeit“ bildet die wesentliche Quelle für meine persönliche Entwicklung und steht – wenn auch nicht immer ohne weiteres sichtbar – im Zentrum unserer Arbeit im Verein Mit Kindern wachsen.

Die in unseren gemeinsamen Seminaren entwickelten Übungen mehr Eltern oder Pädagogen, denen ein achtsames Leben mit Kindern am Herzen liegt zugänglich zu machen, war meine Motivation diese Buch-CD zu veröffentlichen. Ich hoffe sehr, dass sie dazu beitragen kann, Kinder immer wieder mit neuen Augen zu sehen und mit ihnen gemeinsam zu wachsen.

Einleitung

In der heutigen Zeit Kinder ins Leben zu begleiten, ist eine große Herausforderung. An was sollen wir uns als Eltern orientieren? Die Art und Weise, wie wir selbst erzogen wurden, kann nur in den seltensten Fällen als Quelle der Kraft und Inspiration dienen – vielmehr ist es gerade die eigene Kindheit, die Eltern nach anderen Wegen im Leben mit Kindern suchen lässt. Und wo Unsicherheit herrscht, sind die Ratschläge auch nicht fern – ob gefragt oder ungefragt, wir werden als Eltern einer Flut von Tipps, Systemen und Konzepten ausgesetzt, die uns sagen wollen, wie wir richtig mit unseren Kindern umgehen sollten.

Und dann ist da noch der so genannte Alltag – es gibt ständig etwas zu tun, unsere Gegenwärtigkeit wird auf die Probe gestellt, wir erleben emotionale Berg- und Talfahrten und meist bekommen Eltern weder die Unterstützung noch die Anerkennung, die dieser wichtigen Aufgabe eigentlich zukommt.

Aber das ist nur die eine Seite der Medaille. Gleichzeitig kann es eine große Bereicherung sein, sich auf Kinder wirklich einzulassen. Wenn wir sie nicht nach unseren Vorstellungen erziehen, sondern versuchen, sie in ihrem Wesen zu verstehen und einfühlsam ins Leben zu begleiten, können wir innerlich selbst wachsen und unsere eigene Lebendigkeit neu entdecken – ja, inzwischen bin ich sogar zu der Überzeugung gekommen, dass es kaum einen anderen Weg gibt, der eine solch große Chance der inneren Entwicklung – der Herzensschulung – bietet.

Um ihr inneres Wesen, ihr inneres Potenzial zu verwirklichen, brauchen Kinder Erwachsene, die mit ihnen wirklich in Kontakt sind, sich einfühlen, ihnen durch ihre Resonanz widerspiegeln, wer sie sind. Sich bedingungslos angenommen und „gefühlt" zu wissen, ist die wichtigste Voraussetzung dafür, dass Kinder sich sicher fühlen und harmonisch entfalten können. Dies ist verbunden mit einer ungezähmten Lebensfreude und einem tiefen Glücksgefühl. Gleichzeitig zeigt die moderne Gehirn- und auch die so genannte Resilienzforschung*, dass dies vor allem von der Fähigkeit der Erwachsenen abhängt,

* die jene Bedingungen herauszuarbeiten versucht, die ein Kind von innen her so sehr festigen, dass es später auch schwierigen Lebenssituationen angemessen und kreativ begegnen kann

wirklich für das Kind und seine Bedürfnisse präsent und nicht in Vorstellungen, Ideen oder einer allgemeinen Geschäftigkeit gefangen zu sein.

Bei der Entwicklung dieser Präsenz hat sich die Praxis der Achtsamkeit als äußerst wertvolle Unterstützung erwiesen. Sie kann uns helfen, unser inneres Gleichgewicht wiederzufinden, wenn wir es verloren haben, sie ermöglicht es uns, auch die Perspektive der Kinder einzubeziehen und präsenter für ihre Sicht und Bedürfnisse zu sein, und sie ist ein wertvolles Labor zur Entwicklung unserer Intuition und Kreativität.

Der Titel dieser Buch-CD will nicht sagen, dass wir als Eltern nun immer lächeln oder achtsam sein müssen, und auch nicht, dass Kinder nie traurig oder frustriert sein dürfen. Es geht nicht um ein neues Ideal, an dem wir uns oder unsere Kinder messen, sondern um eine andere Lebensweise. Chaos, Fehler, das Gefühl, dass uns alles zu viel wird oder dass wir unsere Kinder manchmal am liebsten dahin zurückschicken würden, wo sie hergekommen sind (zumindest für eine Weile), gehören manchmal dazu. Ganz gleich, wie unvollkommen wir uns erscheinen mögen, wir können uns auf den Weg machen. Dazu gehört, dass wir alle Emotionen, die sich im Leben mit unseren Kindern zeigen, erst einmal wahr- und annehmen, so wie sie sind, und mit ihnen und uns selbst Freundschaft schließen. Das heißt nicht, dass wir sie ausagieren und unsere Kinder spüren lassen, wenn sie uns auf die Nerven gehen. Kinder, deren Eltern sich bemühen, ihre emotionale Kompetenz zu entwickeln und so präsent wie möglich für sie und ihre echten Bedürfnisse da zu sein, können sich tatsächlich glücklich schätzen – auch wenn sie uns für unsere Bemühungen nicht unbedingt dankbar sein müssen. Aber kein Kind wünscht sich perfekte Eltern – die Ideale, an denen wir uns messen, sind häufig eher dazu angetan, uns zu terrorisieren, statt uns im Leben mit unseren Kindern eine wirkliche Hilfe zu sein. Was kann sich ein Kind mehr wünschen, als dass seine Eltern ihr Bestmögliches tun, sie ins Leben zu begleiten und mit ihnen zu wachsen?

Diese Buch-CD ist als eine Art Survival-Training und Wegbegleitung für diese Reise gedacht, und ich hoffe sehr, dass es von Nutzen ist.

„

Achtsamkeit unterstützt uns in unseren täglichen Bemühungen, mit unseren Kindern wirklich in Kontakt zu sein. Sie hilft uns, für unsere Kinder zu Quellen bedingungsloser Liebe zu werden, Augenblick für Augenblick, Tag für Tag.

Jon Kabat-Zinn

“

Was ist Achtsamkeit und welche Rolle kann sie im Leben mit Kindern spielen?

In diesem Zusammenhang verstehen wir unter Achtsamkeit eine wohlwollende, freundliche, nicht urteilende Aufmerksamkeit, mit der wir uns uns selbst, unseren Kindern, einer Situation oder auch unserer Erfahrung im gegenwärtigen Moment zuwenden können. Dies ist alles andere als selbstverständlich, denn normalerweise sind wir häufig in unserer Geschäftigkeit, unseren Gedanken oder Vorstellungen gefangen, so dass wir nur selten wirklich anwesend sind. Wir funktionieren dann eher, als dass wir leben. Wir lieben unsere Kinder, aber sind nur selten wirklich mit ihnen in Kontakt – selbst wenn wir physisch anwesend sind, sind wir in Gedanken oft ganz woanders.

Besonders eindrücklich beschreibt diesen Zustand der amerikanische Psychologe Charles Tart in seinem grundlegenden Buch „Hellwach und bewusst leben“. Er vergleicht diesen Zustand mit einer Art der gesellschaftlichen und kulturellen Hypnose – einer alltäglichen Trance, in der wir leben, und zeigt auf, wie die Praxis der Achtsamkeit uns beim Aufwachen behilflich sein kann. Kleine Kinder befinden sich noch nicht in dieser Trance, sie sind noch lebendig – in direktem Kontakt mit sich und ihrer Umgebung. Aber für uns mehr oder weniger hypnotisierten Erwachsenen ist es anstrengend, mit solch lebendigen Wesen zusammenzuleben. Sie stören uns immer wieder in unserem Schlaf, so dass es kein Wunder ist, dass herkömmliche Erziehung vor allem auf ein besseres Funktionieren abzielt. Laut Tart besteht traditionelle Erziehung vor allem darin, Kinder so schnell wie möglich in dieselbe Trance zu versetzen, in der wir selbst gefangen sind, so dass wir in Ruhe weiterschlafen können und nicht immer von ihrer Lebendigkeit gestört werden. Wenn es aber unser Ziel ist, dass Kinder sie selbst sein und ihrem inneren Entwicklungsplan folgen können, ist der Kontakt mit diesen lebendigen Wesen auch eine große Chance, selbst wieder lebendiger zu werden und aus unserer Trance zu erwachen.

Dieser Prozess ist sehr komplex und an anderer Stelle ausführlich beschrieben (siehe Literaturliste Seite 28). Die Wurzeln der Übungen auf dieser CD liegen in der viele Jahrhunderte alten buddhistischen Achtsamkeitspraxis. Ihre jetzige Form entwickelte sich aus der Seminarreihe „Mit Kindern neue Wege gehen", die von Katharina Martin und mir seit mehr als zehn Jahren angeboten wird, und sie haben sich auf dem Weg, mit Kindern zu wachsen, als äußerst wirksam erwiesen. Sie erfordern es nicht, einem bestimmten Glauben anzugehören, sondern dienen der Schulung unserer Wahrnehmung und der Fähigkeit, unseren Kindern und dem Leben im Allgemeinen einfühlsamer, kreativer und flexibeler zu begegnen.

Der Ausgangspunkt ist, dass wir als Eltern alle schon unser Bestes tun. Und selbst wenn wir unseren Maßstäben vielleicht nicht immer genügen, beginnen wir einfach dort, wo wir sind. Achtsamkeit, Mitgefühl, Liebe und Güte sind bereits in uns – alles, was wir brauchen, um unser Leben zu verändern, ist bereits da. Der Weg, diese Qualitäten weiter zur Entfaltung zu bringen, ist freundliche, nicht urteilende, akzeptierende, nach nichts strebende Achtsamkeit im gegenwärtigen Moment. Die Übungen auf dieser CD können Ihnen helfen, mehr Achtsamkeit in Ihr Leben mit Kindern zu bringen. Sie stellen allerdings keine Technik, kein Patentrezept dar, zu dem wir greifen können, wenn es nicht so läuft, wie wir uns das vorstellen. Letztlich ist die Praxis der

Achtsamkeit eine Seinsweise, und sie kann ihre heilende Kraft am besten entfalten, wenn wir sie in einer regelmäßigen formalen Meditationspraxis in uns verankern und diese Praxis dann auf unser Leben ausweiten.

Auf den Wellen des Alltags surfen

Wenn wir ausgeglichen und mit uns selbst in Frieden sind, können wir uns in unsere Kinder einfühlen, auf sie eingehen und ihnen durch unsere Resonanz vermitteln, dass sie „gefühlt", das heißt so angenommen und geliebt werden, wie sie sind. Geht es uns nicht besonders gut oder stehen wir unter Stress, bleiben wir mehr oder weniger in uns selbst gefangen. Wir sind abgeschnitten von unseren Möglichkeiten, auf unsere Kinder eingehen zu können, und gleichzeitig ist damit auch die Verbindung zu ihnen abgerissen. Diese Trennung fühlen sie unmittelbar, was sich dann wiederum in ihrem Verhalten äußert. Dergestalt entsteht dann leicht ein Teufelskreis, der uns und unseren Kindern den Tag verderben kann.

Meist sind es einfach Gedankenlosigkeit oder kleine Unachtsamkeiten, die an der Wurzel vieler Brüche in der Beziehung zu unseren Kindern liegen. Diese lassen sich natürlich nicht immer vermeiden – wie bereits mehrfach betont, brauchen Kinder keine perfekten Eltern, die nie Fehler machen oder nie unachtsam sind. Aber wir können uns auf den Weg machen und uns stets aufs Neue mit uns selbst, unserem Herzen und unseren Kindern verbinden.

Es ist ein wenig wie beim Surfen – wenn wir ausgeglichen sind, stehen wir auch ausbalanciert auf dem Surfbrett, sind in Kontakt mit jeder Welle und begegnen ihr auf entsprechende Weise. Gleichzeitig sind wir mit uns selbst in Kontakt – wir wissen, wann wir eine Pause brauchen oder eine Stärkung. Wenn wir einen dieser Faktoren außer Acht lassen, kann das dazu führen, dass wir vom Brett fallen und ordentlich Wasser schlucken. Im Alltag mit unseren Kindern surfen zu lernen, ist eine weitaus schwierigere Angelegenheit. Wir haben alle möglichen Dinge zu erledigen, sind häufig mit hohen emotionalen Wellengängen konfrontiert und jede Unachtsamkeit oder innere Unflexibilität kann uns vom Brett werfen. Aber wenn wir immer wieder neu anfangen, statt uns darüber zu beklagen, was für schlechte Surfer wir sind oder dass die Wellen einfach nicht so sein wollen, wie wir es gerne hätten, werden wir zusehends weniger Wasser schlucken. Den Seegang können wir nur bedingt beeinflussen, aber die Praxis der Achtsamkeit ist eine ungeheuer hilfreiche Möglichkeit, im Alltag mit unseren Kindern surfen zu lernen. Indem wir die Aufmerksamkeit auf wohlwollende und interessierte Art und Weise auf unser

Innenleben – unsere Stimmung, unsere Gefühle, Gedanken und Empfindungen – lenken, lernen wir uns besser kennen und können uns von neuem mit uns selbst verbinden. Dabei geht es nicht darum, uns zu ändern. Wer möchte, dass sich ein Mensch ändert, muss ihn erst einmal so annehmen und respektieren, wie er ist – und das gilt auch für uns selbst. Es geht also zunächst darum, mit uns und unserer Erfahrung in Kontakt zu kommen – zu uns selbst und unserer Erfahrung eine freundschaftliche Beziehung herzustellen.

„

Kinder sind unsere wirklichen Lehrer.
Lerne ihnen zuzuhören – sie erzählen dir von
der Schönheit und der Sorglosigkeit, die du nur
im gegenwärtigen Moment wiederfindest.

Tibetische Weisheit

“

Emotionale Kompetenz – Der obere und der untere Weg

Auch wenn wir unsere Kinder lieben und ihnen alles bieten möchten, was sie für ihre Entwicklung brauchen, verhalten wir uns manchmal auf eine Art und Weise, die ganz und gar nicht unseren Vorstellungen entspricht. Wie Daniel Siegel aus neurologischer Sicht anschaulich beschreibt, verschließt sich unser Geist unter Stress und wird unflexibel. Unser innerer Zustand färbt die Art und Weise, wie wir die Welt sehen, und damit auch unser Denken und Handeln. Dieselbe Situation, die uns in ausgeglichenem Zustand zum Lachen bringt, kann uns die Kontrolle verlieren lassen, wenn unsere Nerven gerade blank liegen. Da Qualitäten wie Achtsamkeit, Einfühlungsvermögen, Mitgefühl und die Fähigkeit, eine Situation unter verschiedenen Gesichtspunkten zu betrachten, vom so genannten präfrontalen Kortex unseres Großhirns aus gesteuert werden, nennt Daniel Siegel dies den oberen Weg der Verarbeitung unserer Erfahrung. Und weil wir unter Stress diesen Zugang verlieren, unsere Sicht eng und unflexibel wird, was daher rührt, dass die Stressreaktion vom nach automatischen Reiz-Reaktions-Mustern reagierenden alten Gehirn aus gesteuert wird (Flucht- bzw. Angriffsverhalten), nennt er dies den unteren

Weg der Verarbeitung unserer Erfahrung. Emotionale Kompetenz besteht also kurzum darin, zu erkennen, wann wir auf den unteren Weg geraten, und Wege zu finden, wieder Zugang zum oberen Weg zu finden. Dies ermöglicht die Praxis der Achtsamkeit, und in seinem neuesten Buch „Das achtsame Gehirn“ zeigt Dan Siegel auf faszinierende Weise, wie diese Praxis sogar die Struktur unseres Gehirns verändern kann.

Das bedeutet nicht, dass es keine Konflikte mehr gibt oder dass unsere Kinder nie aufgebracht oder frustriert sein werden. Aber wir können dergestalt mehr inneren Raum, mehr innere Freiheit gewinnen, so dass wir nicht automatisch reagieren, sondern unsere Möglichkeiten erweitern, eine bewusste Wahl zu treffen, wie wir antworten wollen.

Zum Abschluss möchte ich noch einen Abschnitt aus dem Buch „Zur Besinnung kommen“ von Jon Kabat-Zinn zitieren, der die Essenz der Meditation auf sehr schöne Weise deutlich macht:

„Es ist in der Tat ein radikaler Akt der Liebe, wenn wir uns einfach nur eine Weile allein hinsetzen und still sind. (...) Es ist eine der Herausforderungen unserer Zeit, in einer zusehends verrückten Welt seine geistige Gesundheit zu bewahren. Wie sollte uns das je gelingen, wenn wir ständig verstrickt sind in das Geplapper unseres eigenen Geistes, in das verwirrende Gefühl, verloren oder isoliert zu sein und nicht mehr zu wissen, was das alles zu bedeuten hat und wer wir wirklich sind – wenn wir das Gefühl haben, dass alles, was wir tun und erreichen, irgendwie leer ist, und wir erkennen, wie kurz das Leben ist? Letztlich ist es nur die Liebe, die uns erkennen lassen kann, was wirklich und was wichtig ist. Und darum macht dieser radikale Akt der Liebe Sinn – Liebe zum Leben und zum Auftauchen unseres wahren Wesens.

Sich einfach hinzusetzen und in die Präsenz fallen zu lassen, ist eine dezidierte und machtvolle Weise, um zu bestätigen, dass wir langsam, aber sicher zur Besinnung kommen und dass die Welt der direkten Erfahrung hinter all dem Denken und der Versunkenheit in uns selbst immer noch intakt ist und uns zur Verfügung steht, so dass wir sie in vollen Zügen genießen können, damit wir heil werden und wissen, wie man sein kann, und dann, wenn wir zum Tun zurückkehren, wissen, was zu tun ist und wie wir endlich anfangen können."

»

Mit jedem Kind wird die Möglichkeit einer neuen Welt geboren. Wenn wir aufhören könnten, es in die uns vertrauten Formen hineinzudrängen und stattdessen dem innewohnenden, grundsätzlich Guten Raum geben würden, könnte sich dieses in jedem Menschen manifestieren.

Katharina Martin

«

Allgemeine Hinweise zu den Übungen

Bei den Übungen auf der CD geht es nicht darum, uns in einen bestimmten friedvollen, wunderbaren Zustand zu katapultieren, sondern darum, mit uns selbst und unserer Erfahrung auf wohlwollende Weise Kontakt aufzunehmen – und das, was wir vorfinden, erst einmal so anzunehmen, wie es ist, auch wenn es gar nicht unseren Vorstellungen davon entspricht, wie es in uns aussehen sollte. Unser übliches Leistungsdenken hat in der inneren Welt wenig Nutzen – im Gegenteil, es führt dazu, dass wir unsere inneren Konflikte noch verschärfen, da wir gegen unsere Erfahrung, wie sie nun mal ist, ankämpfen.

Von daher geht es in der Praxis der Achtsamkeit vor allem darum, sich freundlich und ohne zu urteilen der eigenen inneren Erfahrung im gegenwärtigen Moment zuzuwenden – wie immer diese auch aussehen mag.

Wenn Sie es lernen, selbst bei schwierigen inneren Zuständen und Gefühlen weich und mitfühlend zu bleiben, ein offenes Herz zu bewahren, werden sie von diesen Zuständen auch nicht mehr beherrscht, was sich vor allem im Alltag mit Ihren Kindern sehr positiv auswirken wird.

Zudem werden Sie schnell die Erfahrung machen, dass unser Geist ein Eigenleben führt, das Sie in dieser Form vielleicht nicht erwartet haben. Wenn es in den Anleitungen zum Beispiel heißt, Sie sollen sich Ihrem Atem zuwenden, werden Sie vermutlich schnell feststellen, dass Sie mit Ihren Gedanken ganz woanders sind. Auch wenn dann die Anleitung darin besteht, wieder zum Atem zurückzukommen, machen Sie bitte kein Problem daraus, wenn Sie immer wieder abschweifen. Es ist nun mal die Natur unseres Verstandes, ständig aktiv zu sein – Sie können sicher sein, dass Sie sich damit in guter Gesellschaft befinden. Es geht auch gar nicht darum, nun hart daran zu arbeiten, möglichst viele Atemzüge mitzubekommen und daraus einen neuen Wettbewerb zu machen – beginnen Sie einfach immer wieder freundlich und sanft von vorne. Es ist ein wenig wie bei der Erziehung eines kleinen niedlichen Welpen. Wenn Sie diesen zu sich rufen und sagen: „Sitz", wissen Sie, dass er nicht lange sitzen bleibt und schon bald aufspringt und tut, was er eben tut. Und genauso, wie Sie diesen Welpen weder anschreien noch schlagen, sondern ihn freundlich, aber beständig wieder zurückholen und die Anweisung wiederholen, machen Sie es mit Ihren Gedanken, wenn diese immer wieder ihre eigenen Wege gehen. Diese freundliche und geduldige Haltung sich selbst gegenüber ist von unschätzbarem Wert und wird zu seiner Zeit Früchte tragen – ob wir nun länger beim Atem bleiben oder das Gefühl haben, den unruhigsten Geist dieses Planeten zu haben.

Lassen Sie sich ein wenig Zeit um herauszufinden, ob diese Übungen Ihnen helfen oder nicht. Was sich sehr bewährt hat, ist, sich einen gewissen Zeitraum vorzunehmen – sagen wir beispielsweise zwei Monate –, in denen Sie sich einfach täglich die Zeit für eine Übung nehmen. Wenn Sie darauf warten, bis Sie Zeit haben, wird diese erfahrungsgemäß nie kommen. Andererseits sollten Sie sich auch nicht zwingen – entscheiden Sie sich einfach für einen Zeitraum, den Sie selbst bestimmen und in dem Sie möglichst regelmäßig üben, ohne schnelle Ergebnisse zu erwarten. Nach Ablauf dieser Zeit können Sie dann schauen, ob Ihnen die Übung etwas gebracht hat – und dann neu entscheiden, ob Sie weiter üben wollen oder nicht.

Auf jeden Fall ist es sinnvoller, jeden Tag ein paar Minuten zu praktizieren, statt einmal die Woche gleich eine Stunde lang. Vor allem die erste Übung auf der CD kann ohne größeren Zeitaufwand leicht in den Alltag integriert werden und unser Leben auf einfache, aber erstaunlich effektive Weise bereichern.

Wenn sich in Ihnen der Wunsch einstellt, mit anderen gemeinsam oder unter kompetenter Anleitung zu praktizieren, wenden Sie sich an den Verein „Mit Kindern wachsen e.V.“. Mittlerweile gibt es nicht nur in der Freiburger Region, sondern auch an anderen Orten Gruppen, die sich regelmäßig treffen. Aber selbst wenn Sie keine Gruppe in der Nähe haben, gibt es sicherlich andere Achtsamkeitskurse, die Sie sich näher anschauen können, wenn Sie Unterstützung suchen.

Auch die entsprechende Literatur kann eine wichtige Quelle der Inspiration und der Erinnerung an das Wesentliche sein (siehe Literaturempfehlungen).

Die Übungen

1. Ankommen (Bei sich selbst vorbeischauen)

Diese Übung nenne ich auch gerne die „Instant Meditation“, da es sich gerade im Alltag anbietet, immer mal wieder kurz innezuhalten und freundlich bei uns selbst vorbeizuschauen. Wenn wir uns in unserem „Erledigungsmodus“ verlieren, sind wir kaum mit uns selbst und unseren eigenen Bedürfnissen in Kontakt – und wenn dann noch etwas Unvorhergesehenes geschieht oder unsere Kinder plötzlich etwas von uns wollen, verlieren wir leicht die Geduld.

Wenn wir aber häufiger bei uns selbst vorbeischauen, erkennen wir vielleicht früher, dass wir vielleicht eine kleine Auszeit brauchen oder auf welche Weise wir auch immer für uns selbst sorgen wollen. Und dies wiederum ist eine wichtige Voraussetzung, für die Bedürfnisse unserer Kinder empfänglich zu sein und ihnen einfühlsam statt mit Ungeduld zu begegnen.

2. Der Atem als Anker (Lächeln)

Dies ist eine grundlegende Übung der Achtsamkeitspraxis. Dabei nehmen wir immer wieder Kontakt mit dem Atem auf, das heißt, wir spüren ihn direkt in unserem Körper: Dabei geht es nicht so sehr um Konzentration, also um Anstrengung, sondern eher darum, empfangsbereit wie eine Antenne zu sein. Wir lassen die Aufmerksamkeit sozusagen sanft auf den Wellen des Atems ruhen und kehren immer dann zu dieser Empfindung zurück, wenn wir bemerken, dass wir in Gedanken abgeschweift sind. Es spielt auch keine Rolle, ob diese Gedanken trivial, moralisch bedenklich oder voller begeisternder Visionen sind – wir nehmen sie einfach als das wahr, was sie sind, nämlich Gedanken, und kehren wieder zurück zur direkten Erfahrung unseres Atems.

Das Lächeln mag uns anfangs etwas seltsam vorkommen, es kann aber wahre Wunder bewirken. Wenn wir wirklich lächeln und nicht nur so tun als ob, stellt sich ein leichter und wohlwollender innerer Zustand ein, der es uns erlaubt, uns selbst und unseren Kindern auf einfühlsame und mitfühlende Weise zu begegnen.

3. Schön, dass du da bist

Diese Übung führt die vorangegangene noch etwas weiter. Sie hilft, uns an das zu erinnern, was uns wirklich mit unseren Kindern verbindet – jenseits aller Schwierigkeiten, die wir vielleicht mit ihnen haben. Im Alltag geht diese tiefe Verbundenheit leicht verloren, und wenn sich unsere Kinder nicht (mehr) mit uns verbunden fühlen, werden wir sie auch schwer erreichen und können nicht wirklich mit ihnen kommunizieren.

Der zweite Teil hat sich als wertvolle Möglichkeit erwiesen, unsere Intuition zu entwickeln. Die Antworten auf die Frage, was unsere Kinder jeweils von uns brauchen, finden wir nur selten in Büchern oder bei so genannten Erziehungsexperten. Wenn wir jedoch mit uns und unserem Herzen verbunden sind und von dort aus auf unsere Kinder schauen, haben wir die besten Chancen, sie zu sehen und zu verstehen – sie zu fühlen. Dies teilt sich Ihren Kindern unmittelbar mit, und wenn sie sich von Ihnen gefühlt und verstanden wissen, wird sich das auf jeden Fall sehr positiv auf Ihre Beziehung auswirken – auch wenn Sie vielleicht nicht immer sofort eine Lösung für eine Schwierigkeit finden.

4. Oase der Regeneration

Diese Übung dient vor allem der Selbstunterstützung und Regeneration. Das Leben mit Kindern fordert uns auf allen Ebenen, und Möglichkeiten, wieder aufzutanken und sich zu erholen, sind schon fast ein notwendiger Bestandteil einer Survival-Ausrüstung für Eltern.

Literaturempfehlungen

Zum Thema Achtsamkeit im Leben mit Kindern

Myla & Jon Kabat-Zinn: *Mit Kindern wachsen*
Die Praxis der Achtsamkeit in der Familie / ISBN 3-924195-40-4

Das Leben mit Kindern als spirituelle Praxis – ein unverzichtbares Buch für alle, die Elternsein und die innere Kunst der Achtsamkeit in Einklang bringen wollen. Das Buch kann Eltern schon während der Schwangerschaft eine wertvolle Hilfe sein, begleitet sie durch die Höhen und Tiefen der ersten Jahre, gibt wertvolle Hinweise, wie Kinder, die in die Schule gehen, unterstützt werden können, und zeigt, daß es selbst dann nicht zu spät sein muß, neue Wege zu gehen, wenn die Kinder erwachsen sind.

Lienhard Valentin: *Mit Kindern neue Wege gehen*
Erziehung für die Welt von morgen / ISBN 3-936855-23-4

Dieses Buch macht deutlich, dass Erziehungskonzepte im besten Fall Landkarten sind, die uns bei der Orientierung helfen. Und wir werden ermutigt, uns Kindern ohne fertige Rezepte zuzuwenden – denn nur so können wir sie in ihrer Einzigartigkeit wahrnehmen und sie einfühlsam ins Leben begleiten. Der erfahrene Elternberater Lienhard Valentin bietet als Unterstützung konkrete Übungen, Geschichen und Reflexionen. Mit ihrer Hilfe können Eltern, Erzieherinnen und Lehrer Kinder und ihre Bedürfnisse besser verstehen und sie dabei unterstützen, ihr Potential so weitgehend wie möglich zu entfalten.

Daniel Siegel & Mary Hartzell: ***Gemeinsam leben – gemeinsam wachsen***
Wie wir uns selbst besser verstehen und
unsere Kinder einfühlsam ins Leben begleiten können / ISBN 3-936855-06-4

Wie funktionieren Erinnerungen, Gefühle und Kommunikation im Geflecht unserer alltäglichen Beziehungen? Und wie können sie zu einer liebevollen und sicheren Beziehung zu unseren Kindern beitragen? Unter Bezug auf neueste Forschungsergebnisse aus Hirn- und Beziehungsforschung erläutern Daniel Siegel und Mary Hartzell, wie sich zwischenmenschliche Beziehungen direkt auf die Entwicklung des menschlichen Gehirns auswirken. Feinfühlig skizziert das Autorenduo hierbei den Kern der Beziehung zwischen Eltern und Kind, indem sie den Blick auf die familiäre Interaktion Schicht um Schicht von den oftmals unangemessenen und eingeschliffenen Erziehungspraktiken befreien.

Magda Gerber: ***Dein Baby zeigt Dir den Weg*** / ISBN 3-924195-62-5

Die Bedürfnisse von Babys und Eltern erfüllen – und dabei nicht ausgelaugt, sondern glücklich sein. Wer möchte das nicht? Magda Gerber beschreibt in ihrem neuen Buch Dein Baby zeigt Dir den Weg anschaulich den Schlüssel, der Eltern dabei helfen kann, ihre Kinder angemessen zu begleiten und in der Beziehung mit ihnen sich selbst besser kennenzulernen: Es ist der respektvolle Umgang mit dem Baby von Anfang an. In vielen Beispielen, von den alltäglichen Pflegesituationen bis zum freien Spiel, zeigt sie, wie Eltern liebevoll für ihre Kinder sorgen und ihnen gleichzeitig Raum für ihre eigenständige Entwicklung geben können.

Zum Thema Achtsamkeit im Allgemeinen

Jon Kabat-Zinn: *Zur Besinnung kommen*
Die Weisheit der Sinne und der Sinn der Achtsamkeit
in einer aus den Fugen geratenen Welt / ISBN 3-936855-17-X

Unsere Gesundheit und unser Wohlergehen stehen auf dem Spiel, wenn es uns nicht gelingt, in dieser aus den Fugen geratenen Welt wieder zur Besinnung zu kommen, als Individuen und als menschliche Gemeinschaft. Das Tor, durch das wir erneuten Zugang zu unserem inneren Potential, zu unserem Körper, unseren Gefühlen, unseren Mitmenschen und unseren Organisationen gewinnen können, ist das unserer Sinne – und zu denen zählt der Autor aus buddhistischer Sicht auch den denkenden Geist.

Charles Tart: *Hellwach und bewusst leben* / ISBN 3-924195-24-2

Ein faszinierendes Buch, das aufzeigt, wie Lebendigkeit, Lebensfreude und das innere Potential des Menschen durch die Erziehung und Einflüsse der Gesellschaft verschüttet werden, wie dies verhindert werden könnte und vor allem, wie wir aufwachen und die in uns liegenden Möglichkeiten wiederentdecken können.Ein Klassiker der spirituellen Literatur mit zahlreichen praktischen Übungen und einer sehr hilfreichen Checkliste für die Auswahl eines inneren Weges.

Daniel J. Siegel: *Das achtsame Gehirn* / ISBN 978-3-936855-58-6

Was bedeutet es eigentlich, im „Hier und Jetzt" zu leben, gegenwärtig zu sein und „ganz da" zu sein?

Der Psychologe Daniel J. Siegel erschließt uns erstmals das wissenschaftliche Verständnis der spezifischen Funktionsweise eines achtsamen Gehirns.

Siegel erschließt uns in „Das achtsame Gehirn" eine neue Wahrnehmung unserer inneren Welt, unserer interpersonellen Beziehungen und der Entwicklung von Wohlsein und Glück in unserem täglichen Leben. Dabei zeigt er uns auf, wie die erlernbare Fähigkeit der Achtsamkeit unser Leben bereichern kann und wie wir dank ihrer Hilfe den Herausforderungen des Lebens ungewohnt gelassen und klar begegnen können.

Weitere CDs zur Achtsamkeitspraxis

Jon Kabat-Zinn & Ulrike Kesper-Grossman:
Stressbewältigung durch die Praxis der Achtsamkeit / ISBN 3-924195-57-9

Diese CD mit Begleitbuch enthält eine Anleitung zur Achtsamkeitsmeditation und zum Body-Scan, wie sie von Dr. Jon Kabat-Zinn in der Stress-Reduction-Clinic entwickelt wurden. Dieses Hörbüch ist seit einigen Jahren einer unser beliebtesten und erfolgreichsten Titel!

Jon Kabat-Zinn & Ulrike Kesper-Grossman:
Die heilende Kraft der Achtsamkeit / ISBN 3-924195-77-3

Das Meditationsprogramm, das Sie durch den Alltag begleitet.
Die auf zwei CDs praxisnah und leicht umsetzbar vorbereiteten Meditationen haben bereits vielen Menschen geholfen. Zehntausende von Patienten mit Herzbeschwerden, chronischen Schmerzen, Krebs oder anderen schweren, oft unheilbaren Krankheiten profitieren bereits von der heilenden Kraft der Achtsamkeit.
„Die Schönheit der meditativen Arbeit liegt darin, dass wir auf die Praxis selbst vertrauen können, um uns aus dem Schlamassel zu führen. Sie hält uns auf dem Pfad, selbst in den dunkelsten Momenten; sie stellt sich selbst unseren fürchterlichsten Geisteszuständen und äußerlichen Bedingungen. Sie erinnert uns an unsere Möglichkeiten.“

Jon Kabat-Zinn

Der Verein Mit Kindern wachsen e.V.

Der Verein *Mit Kindern wachsen e.V.* besteht mittlerweile seit mehr als zwanzig Jahren. Unsere Aktivitäten richten sich an Menschen, die mit Kindern neue Wege gehen wollen – Wege, die ein Kind von Anfang an als fühlendes Subjekt respektieren, seine Integrität bewahren und es ihm erlauben wollen, sich nach seinem eigenen inneren Gesetz zu entfalten. Dabei haben sich in den letzten Jahren folgende Schwerpunkte herausgebildet:

Die Zeitschrift Mit Kindern wachsen

Unsere Zeitschrift erscheint vierteljährlich. Zusätzlich bringen wir in unregelmäßigen Abständen themenbezogene Sonderhefte heraus, wie z.B. unser Kennenlernheft oder unser Special zum Thema Geburt, Säuglinge und Kleinkinder. Gegen Zusendung von Euro 5,- (sFr 10,-) schicken wir Ihnen gerne ein Probeheft.

Seminare und Fortbildungen

Über diese Aktivitäten hinaus organisieren wir Fortbildungen, Seminare und Vorträge mit verschiedenen Referenten, die unserer Arbeit nahe stehen, wie z.B. mit Lienhard Valentin, Anna Tardos, Myla & Jon Kabat-Zinn, Prof. Remo Largo, Jesper Juul, Katharina Martin, Lienhard Valentin und anderen.
Weitere Informationen über uns, unsere Zeitschrift und unsere Arbeit finden Sie im Internet unter www.mit-kindern-wachsen.de oder bei Mit Kindern wachsen e.V., Vereinsbüro Freiburg, Zechenweg 4, 79111 Freiburg, Tel. +49.(0)761.47 99 540, Fax +49.(0)761.47 99 541, info@mit-kindern-wachsen.de

CD-Inhalt

1. Ankommen (Bei sich selbst vorbeischauen)	9 Minuten
2. Der Atem als Anker (Lächeln)	17 Minuten
3. Schön, dass du da bist	16 Minuten
4. Oase der Regeneration	18 Minuten